Auf Kreuzfahrt im Norden

Peter Gerds | Thomas Häntzschel

Auf Kreuzfahrt im Norden

HINSTORFF

Anlauf der Asuka II am Kreuzfahrtterminal Warnemünde, 19.5.2006

Wie ein Pharao

Vom Mississippi und Amazonas über den Nil bis zur Wolga oder zum Rhein gleiten sanft an Wüsten, Wäldern, an Kathedralen und Burgen schnittige Flusskreuzfahrtschiffe vorbei, und auf den Meeren sind ihre großen Geschwister unterwegs. Sie folgen dem Kurs berühmter Entdecker wie James Cook und Roald Amundsen, wagemutiger Abenteurer wie Francis Drake und Christoph Columbus, kühner Walfänger und einsamer Weltumsegler – oder sind einfach nur zu den schönsten Küsten aller Kontinente unterwegs. Und zudem gibt es noch Schiffchen, die auf der Müritz oder dem Bodensee ihre Gäste in aller Ruhe mit der Attraktion heimatlicher Landschaften vertraut machen.

Kreuzfahrtschiffe jeder Größe und Klasse, unter Segeln, als Katamaran, Dhau oder modernstes technisches Wunderwerk, haben heute einen sicheren Platz in der maritimen Welt. Ihre junge Geschichte ist eng verknüpft mit der Passagierschifffahrt.

Diese trat Mitte des 19. Jahrhunderts mit der Auswanderungsbewegung aus ganz Europa einen spektakulären Siegeszug an. Zwischen 1850 und 1900 verließen allein das damalige Großherzogtum Mecklenburg-Schwerin 120 000 Männer, Frauen und Kinder – meist junge Familien. Die Auswanderer suchten neue Lebensorte, vorwiegend in Nord- und Südamerika. Reeder benötigten mehr und mehr Schiffsraum, um diese Menschenmassen zu transportieren: Die Blütezeit des eisernen Schiffbaus begann.

Zu jener Zeit wurde auch die moderne Flusskreuzfahrt aus der Taufe gehoben. Die Idee, Lustfahrten auf dem Wasser zu unternehmen, ist allerdings schon viel älter und war bereits zu Zeiten der ägyptischen Pharaonen in Mode, die sich mit ihren prächtig geschmückten Barken auf dem Nil fahren ließen. Auch König Friedrich I. von Preußen (1657–1713) besaß übrigens eine vergoldete Galeere, mit der ihn seine Untertanen über die Havelgewässer ruderten. Dauerhaft fuhren schon 1842 die luxuriös eingerichteten Schiffe der in Wien beheimateten Ersten Donau-Dampfschifffahrts-Gesellschaft (der weltweit ältesten Gesellschaft ihrer Art) von Pressburg (Bratislava) über Pest (Budapest), Varna in Bulgarien und das Schwarze Meer nach Konstantinopel.

Unterwegs wurde in verschiedenen Häfen angelegt und jeweils ein paar Tage Rast gemacht, verbunden mit Ausflügen zu den Sehenswürdigkeiten. Auf einem Stück dieses Flussweges reiste Prinzessin Elisabeth 1854 ihrem späteren Gemahl, dem Kaiser Franz Joseph I. nach Linz entgegen, von dort führte die umjubelte Fahrt nach Wien. (Nachgespielt ward dieser feierliche Umzug mehr als ein Jahrhundert später mit Romy Schneider und Karl-Heinz Böhm im Film »Sissy«.) Die Beliebtheit solcher Donaureisen hat – unterbrochen von Kriegszeiten – bis heute angehalten. Millionen Menschen ließen sich mittlerweile über die »blauen« Wellen der Donau hinwegtragen, darunter Bayernkönig Ludwig III. und Finnlands Staatspräsident Urho Kekkonen, der Dichter Franz Grillparzer – mit wunderbaren Schilderungen über die Romantik dieser Flussreisen – und Friedensreich Hundertwasser, der als Künstler eines der Donauschiffe farblich brillant gestaltete.

Auslaufen der SAGA ROSE von Warnemünde, 20.6.2006

AIDAcara vor der Yachthafenresidenz Hohe Düne, 7.7.2006

ROTTERDAM am Kreuzfahrtterminal in Warnemünde, 30.6.2006

Black Watch und Regatta (links), 14.7.2006

Die Vorgänger des Jetsets

Da die Flussreisen in den Binnenländern so gut angenommen wurden, kamen Reeder, Schiffer und Kaufleute an den Küsten auf die Idee, mit der Kreuzfahrt zur See ein lukratives Geschäft zu entwickeln. Als Jahr der ersten Kreuzfahrt (englisch: Cruise) auf dem Meer muss 1835 angenommen werden. Damals erschien in der Zeitung »Shetland Journal« ein Beitrag mit der Schlagzeile »To Tourists«, der für Kreuzfahrten von Schottland aus um Island und die Färöer-Inseln bis an die sonnigen spanischen Küsten warb. Einer, der wenig später einen wichtigen Beitrag zur Entwicklung der Kreuzfahrten leistete, war der Schriftsteller Mark Twain (1835–1910) aus den USA. Er begleitete 1867 im Auftrag verschiedener amerikanischer Zeitungen eine 65 Personen umfassende Touristengruppe, die am 8. Juni 1867 mit dem Schiff QUAKER CITY von New York aus eine Reise in die Mittelmeerregion antrat, und fasste seine Eindrücke in dem viel gelesenen Buch »The Innocents Abroad« zusammen. (Das Buch erschien in Deutschland erst unter dem Titel »Die Arglosen im Ausland«, danach unter »Reise durch die Alte Welt«.) Twain berichtete humorvoll, satirisch und scharfsichtig über seine Beobachtungen an Bord und an Land.

In Großbritannien begann der 1808 in Melbourne geborene und in England beheimatete Thomas Cook 1875 mit der Kreuzschifffahrt, indem er mit 21 Passagieren auf dem Dampfer PRESIDENT CHRISTIE zum Nordkap reiste. Cook gründete das älteste Reisebüro der Welt und gilt als einer der Entdecker des maritimen Tourismus. In rascher Folge starteten andere britische Reedereien mit diesem Geschäft, noch ehe 1890 in Deutschland der Norddeutsche Lloyd ebenfalls seine Chancen suchte und den Schnelldampfer KAISER WILHELM II ins Rennen schickte.

Zu den deutschen Pionieren der Kreuzfahrt gehört der 1843 in Hohen Wieschendorf bei Wismar geborene Wilhelm Bade. Nach klassischer Seemannslaufbahn bis zum Kapitän nahm Bade 1869/70 auf der HANSA als 2. Offizier an der Zweiten Deutschen Nordpolarexpedition unter Karl Koldewey teil und erlebte extremste Situationen mit Schiffbruch und einem Winter auf der Eisscholle. Glücklich heimgekehrt, leitete er in der Folgezeit Forschungsreisen nach Spitzbergen und kam schließlich 1891 auf die Idee, Touristen mit diesen nördlichen Regionen bekannt zu machen. Bereits drei Jahre später war es soweit: Kapitän Bade charterte die DANZIG, die bei der Eröffnung des Kaiser-Wilhelm-Kanals (Nord-Ostsee-Kanal) als Hotelschiff gedient hatte und daher gute Unterkünfte für Passagiere bot, und dampfte gen Norden, nach Spitzbergen und in andere Polarregionen. In mehreren kleinen Häfen wurden die Anker geworfen, interessante Buchten und Naturschönheiten standen auf dem Besichtigungsprogramm. Gelegentlich gab es Jagd auf Eisbären. Kapitän Bade warb intensiv um weitere Interessenten und berichtete in Vorträgen von der großartigen Gletscherwelt sowie dem Glanz der Mitternachtssonne.

Der frühe Tod von Wilhelm Bade, er starb 1903 an den Folgen einer Ohrenoperation, setzte seinem Engagement für die arktische Kreuzschifffahrt ein Ende.

Als Vater der modernen deutschen Kreuzschifffahrt mag Albert Ballin (1857–1918) gelten, der mit 18 Jahren die von seinem Vater in Hamburg betriebene Agentur für Auswanderer übernahm und ausbaute, eine eigene Schifffahrtsgesellschaft gründete und 1899 Generaldirektor der HAPAG wurde. Er stieg zum Berater Kaiser Wilhelms II. in maritimen Fragen auf, wurde dessen Freund und prägte den Satz: »Unsere Zukunft liegt auf dem Meer.« Ballin nutzte zum Ende des 19. Jahrhunderts – ebenso wie die britische Reederei P&O – die verkehrsarme Zeit in den Wintermonaten auf der Atlantikroute in die USA, um seine Passagierschiffe als Kreuzfahrer in wärmere Regionen zu schicken. Der Erfolg dieser Idee erlebte einen ersten Höhepunkt zwischen 1920 und 1930, als große Passagierschiffe wie die britische MAURETANIA oder die deutsche IMPERATOR auf Kreuzfahrt in die Karibik gingen. Auf diesen und anderen Schiffen wurden die Vorgänger des Jetsets mit unerhörtem Luxus und Aufwand verwöhnt. Auf der MAURETANIA beeindruckten ein Schwimmbad im etruskischen Stil mit Säulen und Bänken aus kostbarem Marmor sowie ein 300 qm² großer Whirlpool. Es gab zudem allerlei kuriose Kreuzfahrten. Zur Zeit der Prohibition in den USA etwa wurden rasch Schiffe umgerüstet und erhielten ihr jetzt wichtigstes Utensil, die lange Bar mit Regalen voller Whiskyflaschen. Für drei, vier Tage konnten sich die Reisenden – die gesetzlich vorgeschriebenen Meilen von der Küste entfernt – ohne Angst vor Entdeckung und Strafe betrinken.

Der eigentliche Aufstieg der Kreuzschifffahrt aber nahm seinen Anfang, als die Luftfahrt in das Überseegeschäft eintrat und der weitaus schnellere Flugverkehr das gemächliche Reisen per Schiff vom Markt verdrängte. 1958 hatte das erste kommerzielle Düsenflugzeug den Atlantik überquert. In der Folgezeit gingen die Buchungen von Schiffspassagen schlagartig zurück, wodurch Kapazitäten für den Tourismus frei wurden. Nach 1970 vergaben vorausschauende Reedereien die ersten großen Werftaufträge über Kreuzfahrtschiffe, die bald in der Karibik zwischen Haiti, Jamaika, Puerto Rico und den Inseln über dem Winde und unter dem Winde verkehrten. Zuvor hatten schon einzelne Schiffe wie die 1952 in Dienst gestellte FLANDRE aus Frankreich, die niederländische ROTTERDAM (1958) mit zwei Ausstattungen (1 456 Bordgäste auf Linienfahrt, 730 auf Kreuzfahrt) oder die 1965 zum Kreuzfahrtschiff umgebaute QUEEN ELISABETH für Aufsehen gesorgt.

Seit gut drei Dezennien hält nun der Siegeszug der Kreuzschifffahrt rund um den Erdball an. Ein Ende ist nicht abzusehen. Was um 1900 noch allein der »High Society« vorbehalten gewesen war, als auf Luxusschiffen die Reichen dieser Welt für ein einziges Menü ebenso viel ausgaben wie die Reise eines Passagiers im Zwischendeck kostete, ist heute für nicht wenige erschwinglicher Standard. Service, Unterhaltung, Verpflegung – alles auf höchstem Niveau. Ein Kreuzfahrtschiff ist nunmehr oft eine Mischung aus Nobelhotel, Fitness-Center, Sonneninsel, Shoppingmeile, Spielbank, Sportplatz und Vergnügungspark. Dazu die Vielfalt der Ziele mit unterschiedlichster Thematik. Es gibt Hochzeitsreisen, Tauch-, Golf- und Mountainbikerfahrten, Reisen zu Nationalparks, zu Bibliotheken, Opernhäusern,

Ausgrabungsstätten, zu Naturschönheiten, zu Orten großer Seeschlachten und zu Kunstzentren; ferner Studienkreuzfahrten und Reisen auf den Spuren großer Entdecker. Immer sind die jeweiligen Experten mit dabei, die das von den Touristen selbst Entdeckte auf vielfältige Weise ergänzen und vertiefen, soziologisch, mystisch, theologisch, menschlich, musikalisch, historisch – wie es gerade passt.

Auf manche Schiffe werden zudem Berühmtheiten eingeladen, vom Künstler über Sportler und Dichter. Die CUNARD-Line bot die viel gefragte Themenreise »Jenseits von Afrika« an, nachdem der Film auf der Grundlage des Romans von Karen Blixen (1885 – 1962) seinen weltweiten Erfolg gefeiert hatte. Dazu gab es natürlich ein entsprechendes Diner und ebensolche Unterhaltung. Seit Langem ein besonderes Erlebnis sind die Weinreisen, bei denen nicht nur edle Tropfen von Weinkennern serviert werden, sondern Wesentliches zur Jahrtausende alten Geschichte des Weinanbaus vermittelt wird. Der österreichische Experte für Wein, Anton Viehhauser, beschrieb seine erste Weinreise mit der HANSEATIC, die ihn und die Passagiere von Barcelona über Malaga, Sevilla, Porto, Brest und Bordeaux führte – mit umfangreichen Besichtigungen diverser Weinkeller in den berühmten Regionen und Lagen. An Bord gab es Weinproben und Weinschulungen, Winzerabende und Literarisches zum Traubensaft. Hinsichtlich der Weinlagerung an Bord unternahmen Fachleute einen aufwendigen Test: Alte Bordeauxweine reisten für drei Jahre um die halbe Welt mit. Danach kamen internationale Weinkenner zusammen, um den »gefahrenen« Wein mit einer an Land gelagerten Sorte zu vergleichen. Das verblüffende Ergebnis: Es gab keinen Unterschied.

Zukunft der Kreuzschifffahrt

Die Schlagzeilen in den Fachzeitschriften haben einen eindeutigen Tenor: »Kreuzfahrten sind wieder in«, »Hohe Wachstumsraten sorgen für hohe Investitionen«, »Große Nachfrage nach Reisen auf hoher See und auf Flüssen«. Es gibt zahlreiche Untersuchungen und Vorhersagen solch renommierter Universitäten wie Rostock (Ostseeinstitut für Marketing, Verkehr und Tourismus) und Hochschulen wie Bremerhaven (mit dem Studiengang Seetouristik), die die Kreuzfahrten als Wirtschaftsfaktor und Ausdruck gesellschaftlicher Entwicklungen ausweisen. So geben nach Informationen des Ostseeinstituts 125 000 Kreuzfahrtpassagiere und 50 000 Besatzungsmitglieder im Jahr 7 Millionen Euro in der Region um Rostock aus. Insbesondere die lokale Gastronomie und der Einzelhandel profitieren davon. Bei Passagieren, die individuell in Rostock und Warnemünde unterwegs waren, beliefen sich die durchschnittlichen Ausgaben auf 51 Euro pro Person.

Auf ganz neue Möglichkeiten in der künftigen Kreuzschifffahrt verweist Prof. Dr. Michael Vogel aus Bremerhaven. Er sieht nach dem gegenwärtigen Trend der Spaßkreuzfahrt ebenso Chancen, die durch Wandlungen innerhalb der Gesellschaft hervorgerufen werden könnten – beispielsweise durch die zunehmende Bedeutung der Lerngesellschaft.

Amsterdam und Braemar (links) am Kreuzfahrtterminal in Warnemünde, 9.8.2006

Seite 14/15: Norwegian Dream und Rotterdam (rechts), 10.9.2006

NORWEGIAN
NASSAU

Constellation, Deutschland und Thomson Celebration aus der Luft, 16. 8. 2005

Ein Faktor, dem eine immer wichtigere Rolle in Wirtschaft und Forschung zuteil wird, ist die Aneignung von mehr Wissen. Lebenslange Weiterbildung wird in Europa angesichts der hohen technischen Anforderungen und des wachsenden Drucks aus Fernost notwendig bleiben. Warum also nicht ein »Lernschiff« bauen mit einer dafür ganz besonderen Umgebung und Atmosphäre. Nicht umsonst bieten heute schon nicht wenige Kreuzfahrtschiffe umfangreiche und viele Bereiche umfassende Bibliotheken an, allerdings sind sie nicht alle so vielfältig wie die weltgrößte schwimmende Bücherei auf der QUEEN MARY II mit über 8 000 Bänden.

Sicher scheint, dass sich vielsprachige Lernkultur und Kreuzfahrt ideal ergänzen könnten – abseits von Alltag, Verkehr und Hektik der Städte, voll von Ruhe und Entspannung, die das Meer bieten kann – als Grundlage für intensives Lernen. Die umfassende Umsetzung dieser Vision aber liegt noch in weiter Ferne. Sie könnte vielleicht in 10 bis 20 Jahren Wirklichkeit werden.

Realität ist dagegen bereits heute die Prognose, dass sich die Zahl von gegenwärtig 13 Millionen Kreuzfahrtpassagieren in wenigen Jahren weltweit verdoppeln kann, so eine Aussage der Konferenz »Seatrade Europe« in Hamburg.

Den Löwenanteil beanspruchen die USA mit 70 Prozent der Passagiere, gefolgt von Großbritannien (8), Asien (5/ohne Japan), Deutschland (3), Australien, Frankreich, Japan, Italien, Resteuropa und anderen Nationen (jeweils 2 Prozent). Eine ausgezeichnete Stellung im Kreuzfahrtbereich hat sich Europa erobert, und das Mittelmeer beziehungsweise die Nord- und Ostseeregion haben nach der Karibik inzwischen die Plätze 2 und 3 eingenommen. Das hat seine Auswirkungen auf die Schiffbauindustrie, die auch mittelfristig schon fast ihre Auftragsbücher voll hat. Den Weg umfangreicher Neuinvestitionen geht neben anderen auch das Rostocker Unternehmen AIDA Cruises und lässt bis 2010 für 1,3 Milliarden Euro vier Schiffe einer völlig neuen Generation auf der Meyer-Werft Papenburg bauen.

Das »Traumschiff« kommt nach Rostock

Als Kreuzfahrthafen hatte Rostock schon zu DDR-Zeiten keinen schlechten Namen, denn immerhin waren hier zwei in der Welt wohlbekannte Schiffe beheimatet, zuerst die VÖLKERFREUNDSCHAFT, die 1956 als STOCKHOLM vor New York mit der italienischen ANDREA DORIA kollidiert war und vier Jahre später als Urlauberschiff des Freien Deutschen Gewerkschaftsbundes in Dienst gestellt wurde. Die erste Reise führte in das Schwarze Meer.

Der Erwerb des zweiten Cruisers 1985 glich dann schon einer Sensation. Das Politbüro der SED hatte im engsten Kreis beschlossen, die ASTOR zu kaufen, jenes Schiff, das 1981 bei der HDW in Hamburg erbaut worden war und das als »Traumschiff« vom Zweiten Deutschen Fernsehen in vielen Serien verewigt, die Sehnsucht nach der großen, weiten Welt verkörperte. Nachdem ein geheimer deutsch-deutscher

Handel unter Einbeziehung einer Reederei Südafrikas (damals Apartheid-Regime) zustandegekommen war, fuhr dieses Schiff unter der DDR-Flagge. Es war ein vorzeigbares Prestigeobjekt des sozialistischen deutschen Staates, das der Welt beweisen sollte: Seht her, das haben und können wir auch.

Die erste Reise führte nach Leningrad, am 15. Oktober 1985. Ihr folgten Fahrten nach Kuba, in das Schwarze Meer und quer durch die Ostsee, allerdings nur in die Häfen der sogenannten Bruderländer Polen und Sowjetunion.

Zusätzlich war die ARKONA von 1986 bis 1990 in den Sommermonaten an eine TUI-Tochter verchartert und machte für die Bundesrepublik Deutschland und Österreich Ausflüge nach London, Oslo und Spitzbergen, zum Nordkap und nach Istanbul. Die DDR nahm auf diese Weise begehrte Devisen ein, harte Währung, die im ökonomischen Überlebenskampf des Staates dringend benötigt wurde. Doch die ARKONA rettete das Land nicht mehr, und am Tag der Wiedervereinigung wurde am Heck des Schiffes die DDR-Flagge eingeholt und die nunmehr gesamtdeutsche gehisst. Das war der Startschuss des in Rostock beheimateten Schiffes für eine neue und weltweite Kreuzfahrtära. Es bleibt bis heute ein Traumschiff, für Reisende ebenso wie für ein breites Fernsehpublikum durch die Serie, die mit Klaus Jürgen Wussow, Gisela Uhlen, Manfred Krug, Heinz Weiss, Siegfried Rauch, Christian Quadflieg und anderen gemacht wurde. Über 40 Folgen »Traumschiff« sind bisher erschienen – gedreht außer auf der ARKONA auch auf der BERLIN und der DEUTSCHLAND.

Eine neue maritime Chance: Das Beispiel Warnemünde

Älter als Rostock (gegründet 1218) ist sein Hafen; denn der slawische Ort erlangte bereits im 11. und besonders im 12. Jahrhundert die Bedeutung eines wichtigen Handelsplatzes. Diesen und die gleichnamige Burg zerstörten 1160 die Krieger des dänischen Königs Waldemar I. und des Sachsenherzogs Heinrich des Löwen im Verlaufe ihrer Kolonisation des Ostens, und sie töteten dabei den Slawenfürsten Niklot. Sein Tod vor der Burg Werle bei Schwaan leitete den Zusammenbruch des slawischen Widerstandes ein.

1170 hatte der Sohn des gefallenen Fürsten, der getaufte Pribislaw – der Begründer des mecklenburgischen Herrscherhauses – Burg und Handelsplatz »Roztoc« wieder neu erbauen lassen. Die gesicherte Entwicklung als Stadt garantierte dann die Gründungsurkunde vom 24. Juni 1218. Gut einhundert Jahre später kaufte das mittlerweile durch regen Handel reich gewordene Rostock den kleinen Fischerort Warnemünde und gewann damit den wichtigen und sicheren Zugang zum offenen Meer. Seitdem ist Rostock untrennbar mit dem Wasser verbunden – die Hansestadt lebt am Wasser mit Fluss und Meer, durch das Wasser und mit dem Wasser.

Im Mittelalter gehörte Rostock zu den Städten an der Ostseeküste, die nicht nur enge Beziehungen zu den nördlichen und östlichen Nachbarn aufbauten und pflegten, sondern ebenso zu Häfen an der Nordsee- und Atlantikküste sowie im Mittelmeer. Ein Vergleich der drei Hafenstädte Lübeck,

NORWEGIAN JEWEL am Kreuzfahrtterminal, 1. 9. 2005

ROTTERDAM
ROTTERDAM

Hamburg und Rostock von 1380 zeigt ihre Bedeutung innerhalb der Hanse. Nach Lübeck mit 21 500 Einwohnern lagen Hamburg mit 12 000 und Rostock mit 11 000 fast gleichauf. Dickbäuchige Koggen brachten Tuche aus Flandern, Weine aus Frankreich, Seidenstoffe aus Brügge, Pelze aus Nowgorod, Tran aus Norwegen, und sie verschifften Korn und Mehl, Hopfen, Malz, Obst, Mauersteine, Fässer mit Heringen und viele andere Regionalerzeugnisse.

Glanzzeiten und Flauten in Schifffahrt und Schiffbau wechselten sich ab. Um 1870 besaß die Stadt mit 378 Segelschiffen die drittgrößte Flotte in Deutschland, die allerdings kurz danach mit dem Beginn der Dampfschifffahrt in der Bedeutungslosigkeit versank. Erst mit der Teilung Deutschlands als Ergebnis des Zweiten Weltkrieges wurde Rostock zum führenden maritimen Standort im Osten. Die Autarkiebestrebungen der DDR, die Zweitrangigkeit aller bisherigen Häfen in Mecklenburg-Vorpommern und vor allem anderen die militär-strategische Bedeutung für die Sowjetunion und den Warschauer Pakt trieben den Aufbau des Überseehafens in Rostock-Petersdorf voran.

Nach der Einheit Deutschlands gab es beträchtliche Einbrüche. Das Umschlagvolumen ging von 20,8 Millionen Tonnen (1989) auf 8,1 und 9,2 Millionen Tonnen (1991/92) zurück. In den nachfolgenden 15 Jahren allerdings erreichte es wieder neue Rekorde, 2006 rund 22 Millionen Tonnen.

Fest vertäut am Ufer der Warnow, 30. 6. 2006

Mit der »Wende« eröffneten sich für Rostock zugleich neue maritime Perspektiven, und bereits 1990 legten die ersten drei Kreuzfahrtschiffe mit 1 161 Passagieren an Bord im Seehafen an. 1992 waren es schon 16 Schiffe mit über 11 000 Passagieren, die am Passagierkai in Warnemünde festmachten.

Im darauffolgenden Jahr nahmen Hafen und Stadt zum ersten Mal mit einem kleinen eigenen Messestand an der bedeutendsten Kreuzfahrtmesse der Welt in Miami/USA teil, nachdem zuvor an 80 große Reedereien und Kreuzfahrtunternehmen ausführliche Informationsbriefe über Chancen und Vorzüge Rostocks im Kreuzfahrtgeschäft geschickt worden waren. Der Erfolg ließ nicht auf sich warten: Von Juni bis August 1993 liefen 15 zum Teil sehr wichtige Kreuzfahrtschiffe wie die STATENDAM, die CHRYSTAL HARMONY, die BERLIN und die ARKONA mehrmals Warnemünde an.

Mit der wachsenden Zahl von Kreuzfahrern gingen Ausbau und Modernisierung der Passagierkais am Neuen Strom in Warnemünde Hand in Hand. Doch bis 1996 gab es ein ernstes Hindernis: die ungenügende Tiefe des Seekanals, der ein Einlaufen der Riesenpötte unmöglich und eine umständliche Ausschiffung mit Tenderbooten notwendig machte. Auf der Landseite dagegen wurde schon fleißig gebaut. Es entstanden neue Liege- und Parkplätze, Wege und Straßen, die Schmutzwasserentsorgung wurde modernisiert, ebenso die Gleisanlagen des Bahnhofs in Warnemünde. Eine solche unmittelbare Schienenanbindung kann kein anderer deutscher Passagierhafen vorweisen, und diese landseitige Anbindung – wenige hundert Meter vom Schiff entfernt –

飛鳥
ASUKA II
ROSTOCK PORT
ROSTOCK PORT

zählt zu den großen Pluspunkten für die Gäste und Besatzungen der Kreuzfahrtschiffe. Allerdings könnte die Infrastruktur des Bahnhofs, ganz besonders der fast unzumutbare Tunnel, eine gründliche Schönheitskur vertragen.

Im August 1999 begann in Rostock eine weitere Etappe der Hafenentwicklung. Mit der Übergabe des neuen 14,50 Meter tiefen und 120 Meter breiten Seekanals konnten nun die wirklich großen Schiffe den Seehafen anlaufen, und es gab weitere Verbesserungen für den Passagierhafen. Damit verbunden waren zuvor der Neubau der Ostmole in Warnemünde, auch in Zusammenhang mit der Errichtung des Yachthafens Hohe Düne und seiner 750 Liegeplätze an den holzbeplankten Stegen, sowie der Abbruch der Mittelmole. Schlag auf Schlag ging es weiter mit Baugeschehen und Investitionen, die sich bisher für den Passagierhafen auf über 15 Millionen Euro beliefen.

Herausragend war dabei die Errichtung eines modernen Terminals, des Warnemünder Cruise Centers (WCC). Baubeginn war im August 2004, und die feierliche Eröffnung fand im Frühjahr des darauffolgenden Jahres statt, mit dem Auslaufen der AIDAcara. Es war ein festlicher Abend, als am 1. Mai gegen 22 Uhr das fast 200 Meter lange Schiff ablegte, zu einer Vier-Tagefahrt nach Kopenhagen und Oslo, mit 1 186 Passagieren an Bord. Begleitet von Musik, Wasserfontänen eines Seenotrettungskreuzers, dem beeindruckenden Tanz der Schlepper, (dem »Schlepperballett«), mit Höhenfeuerwerk und dem Klang vieler grüßender Schiffssirenen verließ die AIDAcara den Hafen.

Bereits am nächsten Tag kamen neue Gäste in das zweigeschossige Terminalgebäude. Diese markante Stahl-Glas-Konstruktion umfasst eine Gesamtfläche von rund 3 200 Quadratmetern. Die gesamte Anlage des WCC ist so konzipiert, dass alle Sicherheitsanforderungen mit Einzäunung und Videoüberwachung nach ISPS (International Ship and Port Facility Security) erfüllt werden. Dies ist eine Folge des Terrorangriffs vom 11. September 2001. Im Erdgeschoss sind neben einer 1 600 Quadratmeter großen Halle weitere 650 Quadratmeter für Funktions- und Abfertigungsräume vorbehalten, unter anderem für Zoll und Bundesgrenzschutz, Hafenarzt, Lotsen, Sicherheitsdienst und Hafenamt. Auch die Seemannsmission ist vor Ort und betreut die Crews in seelsorgerischer Hinsicht.

Rund 2 500 Kubikmeter Beton, 200 Bohrpfähle, die 11 Meter tief in das Erdreich eingebracht werden mussten, 200 Tonnen Stahl und 1 500 Quadratmeter Glas wurden für den Bau des Kreuzfahrtterminals benötigt, und die Kosten beliefen sich auf 5,5 Millionen Euro. Mit dem Bau des WCC war gleichzeitig eine Umgestaltung des Geländes am Passagierkai notwendig – mit neuen Straßenführungen und Außenanlagen, Taxispuren und Parkflächen. Aus Gründen des Hochwasserschutzes befinden sich übrigens die Technikräume im Obergeschoss. Auf der größten Kreuzfahrtmesse der Welt in Miami wurde die Stadt Rostock für das WCC ausgezeichnet, zusammen mit den Häfen Barcelona in Spanien, Melbourne in Australien

Festmachen am Kreuzfahrtterminal, 19. 5. 2006

Den Anschlägen vom 11. September 2001 folgten auch an den deutschen Kaikanten scharfe Sicherheitsmaßnahmen.

Passagierwechsel im Warnemünder Cruise Center

und Pointe-a-Pitre in Guadeloupe, die ebenfalls Ehrungen für ihre neuen Infrastrukturen erhielten.

Das Warnemünder Cruise Center ist für einen Passagierwechsel von bis zu 2 500 Personen pro Tag ausgelegt und besitzt land- und seeseitig je sieben Ein- und Ausgänge. Informationstafeln machen die Gäste aus aller Welt mit Sehenswürdigkeiten und besonderen Erlebnisbereichen in Rostock und der Region rund um die Hansestadt bekannt. Der Passagierwechsel ist besonders für die Ostseekreuzfahrten gedacht, denn der baltische Raum stieg in jüngster Zeit stark in der Gunst der Seereisenden. Kulturell attraktiv, wirtschaftlich auf dem Weg nach oben und politisch ohne gefährliche Spannungen bietet diese schon seit den Zeiten der Hanse vielfach genutzte Zone ein großes Erlebnispotenzial. »Dabei liegt Rostock genau im Schnittpunkt zwischen dem baltischen Raum und der nördlichen Ostsee, die als Verbindung zu Norwegen dient, und damit ist die Stadt als Kreuzfahrthafen geografisch geradezu hervorragend positioniert«, betonte Röttger Wittern von Sartori & Berger, der führenden Hafenagentur für Passagierschiffe in Rostock, anlässlich des alljährlich stattfindenden Seglertreffens »Hanse Sail« im Sommer 2006.

Diesem Kreuzfahrthoch im Norden haben 18 Häfen aus zehn Ländern ihre Referenz erwiesen und unter dem Namen »Cruise Baltic« ein Netzwerk für den Kreuzfahrttourismus in der Ostsee gegründet. Ziel ist es, durch bessere Werbung und Vermarktung die Zahl der Passagiere kontinuierlich zu erhöhen. Rostock ist durch die Hafen-Entwicklungsgesellschaft (HERO) vertreten und einziger deutscher Hafen in diesem internationalen Netzwerk. Die Initiatoren des Projektes waren Kopenhagen und Stockholm, die mit mehr als 200 Anläufen pro Jahr zu den am meisten frequentierten Kreuzfahrthäfen im Ostseeraum gehören. Weitere Mitglieder in diesem Hafenverbund sind Helsingör in Dänemark, Kalmar, Malmö, Helsingborg, Visby und Karlskrona in Schweden, Turku und Helsinki in Finnland, St. Petersburg in Russland, Tallinn in Estland, Riga und Liepaja in Lettland, Klaipeda in Litauen, Gdynia in Polen und als einziger Nicht-Ostseehafen Oslo in Norwegen. Das auf drei Jahre angelegte Projekt wird durch die Europäische Union gefördert. Inhalt desselben sind unter anderem gemeinsame Internetauftritte, Publikationen und Präsentationen.

Wartende Passagiere bei der Abfertigung

Seite 28/29: Black Watch und Westerdam, gesehen von der Verkehrszentrale Warnemünde, 2.7.2004. Im Hintergrund ist die Norwegian Dream zu erkennen.

ROSTOCK
PORT

Holland America Line

AIDAcara und DISCOVERY am Kreuzfahrtterminal Warnemünde, 7.7.2006

»Gateway« to Berlin

Bei Reedern und Passagieren gilt Rostock als das Tor oder der Hafen von Berlin, und von den 150 000 Kreuzfahrern, die 2006 bei 138 Schiffsanläufen (darunter zehn Dreifachanläufe – einmal waren sogar zur gleichen Zeit vier Schiffe an den Kais –) in Warnemünde an Land gingen, haben etwa 50 000 den Aufenthalt genutzt, um der Hauptstadt Berlin einen Besuch abzustatten. Ebenso viele machten Ausflüge in die Region, erkundeten die Hansestadt Rostock und ihr Umland auf eigene Faust. Zwei Drittel der Passagiere kommen aus Übersee und Großbritannien. Ihr Interesse an Berlin, der so lange geteilten Stadt mit dem »eisernen Vorhang« und der Mauer, mit den legendären Besuchen der US-Präsidenten John F. Kennedy (»Ich bin ein Berliner« – 1963) und Ronald Reagan (»Herr Gorbatschow, reißen Sie diese Mauer nieder!« – 1987), ist ungebrochen.

Hinzu kommt, dass eine Vielzahl amerikanischer und britischer Soldaten in der ehemaligen Viermächtestadt stationiert war. Sie selbst oder ihre Verwandten möchten nun gern einen Blick in das neue Berlin werfen, speziell auf oder in das Reichstagsgebäude sowie in die durch Literatur und Film so bekannten Flaniermeilen Kurfürstendamm, Unter den Linden und Friedrichstraße. Von ganz besonderem Interesse aber ist die in einzigartiger Pracht wieder erstehende Museumsinsel.

Doch auch Rostock bietet den weit gereisten Passagieren viel, vor allem die Backsteingotik der alten Kirchen (der Turm von Sankt Petri ragt 117 Meter hoch in den Himmel), zudem seine historisch wertvollen Stadttore und Giebelhäuser, den Universitätsplatz, das Rathaus mit den sieben Türmchen oder die junge Hochschule für Musik und Theater als mehrfach ausgezeichnetes Beispiel einer gelungenen Verbindung von moderner Architektur mit einem mittelalterlichen Kloster. Weitere Ausflugsziele werden vom Passagierterminal vermittelt: auf die Halbinsel Fischland und Darß, in die benachbarten Hansestädte Wismar und Stralsund, die seit einigen Jahren zum UNESCO-Welterbe gehören, oder auf die größte deutsche Insel Rügen, deren Kreideküste, von Caspar David Friedrich (1774–1840) in einem berühmten Gemälde auf Dauer festgehalten, in der ganzen Welt bekannt geworden ist.

Deutschlandweiter Anstieg

Das Interesse des deutschen Publikums an Kreuzfahrten auf Flüssen und auf hoher See ist ungebrochen, und 2005 wurden insgesamt 965 000 Passagiere gezählt. Das ist ein Anstieg von 8,5 Prozent. Ähnlich steil ging es auch 2006 nach oben, und damit ist erstmals die Schallgrenze von einer Million erreicht und überschritten worden.

Die Hochseereisen mit rund 700 000 Bordgästen sind absolute Spitzenreiter, und beliebt waren bei den Deutschen vor allem die europäischen Gewässer mit einem Zuwachs von rund 10 Prozent. Dagegen reduzierten sich die Reisen in die Karibik und nach Übersee.

Auch in Rostock beziehungsweise Warnemünde ist der Anstieg an Passagieren und Anläufen beträchtlich:

In der nachstehenden Tabelle sind zwei Zäsuren deutlich ablesbar – die Jahre 1994 und 2005. Während 1994 ausländerfeindliche Krawalle in Rostock-Lichtenhagen die Besucher davon abhielten, die Hansestadt zu besuchen, war es 2005 der häufige Passagierwechsel in Rostock-Warnemünde, ermöglicht durch das neue Terminal, der zum starken Anstieg der Passagierzahlen (2005: 37 Wechsel – 2006: 47 Wechsel) beitrug.

Jahr	Anläufe Warnemünde	Anläufe Seehafen	Anläufe Stadthafen	Anläufe Summe	Schiffe	Passagiere
1990	–	3	–	3	3	1161
1991	–	2	–	2	2	283
1992	16	–	–	16	9	11024
1993	15	13	2	30	12	21546
1994	12	4	–	16	6	11605
1995	23	12	–	35	13	24729
1996	28	2	2	32	12	21917
1997	25	1	–	26	11	17956
1998	22	–	–	22	12	13212
1999	45	3	–	48	17	45523
2000	47	–	–	47	16	52662
2001	64	–	–	64	19	69499
2002	54	8	–	62	25	77656
2003	74	1	1	76	28	95092
2004	88	9	–	97	25	92209
2005	92	5	–	97	29	103000
2006	132	6	–	138	37	143000

Norwegian Jewel am Kreuzfahrtterminal, 1.9.2005, und am gleichen Tag im Seekanal (Seite 34/35)

NORWEGIAN JEWEL
NCL
FREESTYLE CRUISING
NORWEGIAN JEWEL

SAGA ROSE vor Warnemünde, 20.6.2006

Seite 36: ASUKA II vor dem Festmachen in Warnemünde, 19.5.2006

Blick auf die Europa vom Leuchtturm Warnemünde, 15. 8. 2006

Seite 39: Abschied der AIDAcara von der Warnow, 27. 6. 2006

AIDA
www.aida.de

Imposantes Treffen: ALEXANDER VON HUMBOLDT und CONSTELLATION, 9. 8. 2005

Seite 41: ARTEMIS auf dem Weg in die Ostsee, 15. 8. 2006

ARTEMIS

Queen Elizabeth 2

Die Königin auf Reede

Es war am frühen Morgen des 30. Juli 1996, so gegen fünf Uhr. Viele Schaulustige hatten sich am Strand von Warnemünde eingefunden, etliche Freizeitskipper waren mit ihren Motorbooten oder Segeljollen aufs Meer gefahren, dem großen, einmaligen Ereignis entgegen. Leichter Dunst lag über der See, als am Horizont die Umrisse eines schwimmenden Riesen sichtbar wurden. Langsam näherte sich das Flaggschiff der britischen Cunard-Reederei seinem Liegeplatz auf Reede, rund drei Seemeilen vom Molenkopf entfernt. Dann hatte die Queen Elisabeth 2 ihre Position bei 54 Grad 12,5 Minuten Nord/12 Grad 03,5 Minuten Ost eingenommen und ließ rasselnd die schweren Anker fallen.

Das größte Passagierschiff der Welt – 1965 auf Kiel gelegt, 1967 von ihrer Majestät Queen Elisabeth II. getauft, 1994 in Hamburg generalüberholt und modernisiert – machte vor Warnemünde auf einer Reise von Southampton nach Helsinki Zwischenstation. Die 1 500 Touristen, in erster Linie aus Großbritannien und den USA, wurden an Land begeistert gefeiert: mit den Nationalhymnen, mit Seemannsliedern, natürlich mit »Hipp hipp Hurra« und »Glory, glory halleluja«, mit Wasserfontänen und Sirenen. Sie reisten mit Sonderzügen nach Berlin, unternahmen Fahrten mit der historischen Bäderbahn »Molli« von Doberan nach Heiligendamm oder erlebten beim Bummeln das alte und neue Rostock. June Gore, eine Touristin aus South Gloucester, sagte ganz überrascht: »Was für eine schöne Stadt. Es wundert mich, dass die Hansestadt so unbekannt ist. Man sollte mehr für sie werben. Es lohnt sich.« Und Helen Ward aus Cheshire fügte hinzu: »Ich bin begeistert vom Rostocker Rathaus und vom Flair dieser Stadt.«

Ehe die Passagiere an Land gehen konnten, hatte es etlicher Vorbereitungen bedurft. Das Schiff konnte wegen des Tiefgangs (10 m) und der Länge (293 m) nicht direkt in Warnemünde einlaufen. Daher erfolgte das Ausbooten mit den beiden eigenen Tenderschiffen und mit dem hiesigen Fahrtgastschiff CLASSICA. »Zuvor galt es aber, eine Reihe von technischen Voraussetzungen zu schaffen, um das sichere Anlandgehen der Passagiere zu gewährleisten«, erinnerte sich später der damalige stellvertretende Hafenkapitän Oskar Morgenstern. Dazu wurde ein 14 mal 40 Meter großer Ponton an den Warnemünder Passagierkai geschleppt, mit 600 Tonnen Wasser geflutet und auf die richtige Ausstiegshöhe gebracht. Mit Teppichboden ausgelegt, geschmückt mit Blumen und Pflanzen, war alles zum festlichen Empfang bereit. Oberbürgermeister Arno Pöker hieß die weit gereisten Gäste herzlich willkommen.

Mit dem Besuch dieser »Königin der Meere« wurde in der maritimen Tourismusgeschichte Rostocks ein besonderes Kapitel geschrieben. Hier an der Warnow war der Traum in Erfüllung gegangen, einmal die QUEEN ELISABETH 2 zu Gast zu haben. Die schwimmende Nobelherberge ist ein Schiff der Superlative. Über 70 000 Bruttoregistertonnen

QUEEN ELISABETH 2 beim Auslaufen von Warnemünde, 8. 6. 2004

groß, erzeugen die Maschinen 130 000 Pferdestärken und lassen den Kreuzfahrer mit fast 30 Knoten durch das Wasser »schießen«. 433 Tonnen Diesel werden pro Reisetag verbraucht. Das Schiff verfügt über 13 Passagierdecks mit 936 Kabinen für 1 892 Passagiere. Neben fünf Restaurants und vielen Bars, Pubs, Clubs und Cafés, gibt es fünf Schwimmbäder, ein Theater (529 Plätze), eine große Bibliothek, Ladenstraßen, Konferenzräume, speziellen Butler-Service in den Luxuskabinen und vieles mehr. 900 Männer und Frauen als Besatzung sorgen für Sicherheit und Wohlergehen.

Den ganzen Tag über – die QUEEN ELISABETH 2 lag 17 Stunden auf Reede und lichtete um Mitternacht die Anker – umkreisten Hunderte von Segelschiffen und Ausflugsdampfern, von Kuttern und anderen Booten die wirkliche Königin der Kreuzfahrtschiffe. Etliche Schaulustige waren aus Berlin, Hamburg, Hannover und anderswo angereist, um sich dieses Erlebnis nicht entgehen zu lassen.

In der nachfolgenden Zeit machten noch viele schwimmende Riesen in Warnemünde fest, darunter 2006 und in den beiden Jahren zuvor mehrere mit einer Länge von über 200 Metern – an der Spitze die CONSTELLATION und die NORWEGIAN JEWEL (je 294 m), die Schwestern OOSTDAM und WESTERDAM (je 292 m) sowie STAR PRINCESS und GRAND PRINCESS (je 290 m), die ARCADIA (285 m), die CHRYSTAL SERENITY (250 m), die ROTTERDAM und die AMSTERDAM (jeweils 238 m lang) sowie die NORWEGIAN DREAM und die ARTEMIS (jeweils 230 m). Diese und andere Kreuzfahrtschiffe befanden sich zumeist auf der Fahrt von einem Ostseehafen zum anderen wie etwa von Stockholm nach Kopenhagen, auf den Strecken Gdynia–Kopenhagen, Stockholm–Aarhus, Tallinn–Kopenhagen, Visby–Kopenhagen, Mukran –Roenne oder etwas weiter von der Ostsee auf dem Weg nach Amsterdam, Dover und Southampton.

Noch nicht in Rostock-Warnemünde war dagegen die FREEDOM OF THE SEAS, obwohl der Tiefgang des Superschiffes mit 8,50 m so bemessen ist, dass es einlaufen könnte. In Finnland gebaut, ist es 339 m lang und 56 m breit. Es gibt 15 Passagierdecks mit Kabinen für 3 600 Gäste. Mit Aufbettungen und anderen Schlafgelegenheiten können sich sogar 4 370 Menschen zur Nachtruhe begeben, fast das Doppelte der Passagierzahl, die einst die TITANIC an Bord nahm. Dazu kommen die Unterkünfte für 1 360 Crewmitglieder aus über 60 Ländern, wahrhaft international und multikulturell. Dieses Schiff soll alle, auch die ausgefallenen Wünsche in Erfüllung gehen lassen. Kulinarisch sorgen 156 Köche dafür, Unterhaltung im weitesten Sinne des Wortes bieten ein Theater mit 1 400 Plätzen, das Casino oder die Ladenstraßen über vier Etagen ebenso wie eine 12 Meter hohe Kletterwand. Sogar Surfen und Schlittschuhlaufen sind an Bord möglich.

NORWEGIAN JEWEL und Fähre der TT-Linie an der Warnowmündung, 8.6.2004

Seite 46/47: NOORDAM und NORWEGIAN DREAM am Passagierkai Warnemünde, rechts eine Fähre der Reederei Scandlines, 19.8.2004

TT-Line

Scandlines HANSA
SKANE
Kappa

Edle Fassade am Terminal, 9.8.2006

NORWEGIAN DREAM und AMSTERDAM, 30.6.2006

Norwegian Dream in voller Länge, 8.6.2004

Beispielhafte Erfolgsgeschichte

Was 1994 mit der Unterzeichnung des Bauvertrages für das erste AIDA-Clubschiff, das in den nächsten beiden Jahren auf der Kvaerner-Werft in Turku/Finnland entstand, seinen Anfang nahm, hat sich im Laufe weniger Jahre zu einer einzigartigen Erfolgsgeschichte in der weltweiten Tourismusbranche entwickelt. Es war ein großer Tag für die ebenfalls 1994 gegründete Deutsche Seereederei Touristik GmbH, als zwei Jahre später die Taufpatin Christiane Herzog, Gattin des amtierenden Bundespräsidenten Roman Herzog, das Schiff auf den Namen AIDA taufte und ihm allzeit gute Fahrt wünschte. Prominente Frauen aus Deutschland vollzogen auch an nachfolgenden Schiffen den obligatorischen Taufakt, eingeschlossen die neue Produktlinie der Binnenschiffe, die mit dem Namen A'ROSA ebenfalls für Aufsehen sorgte. Doris Schröder-Köpf, Gattin des damaligen Bundeskanzlers Gerhard Schröder, ließ die Sektflasche ebenso am Bug zerschellen wie die Schauspielerin Iris Berben, das Topmodel Heidi Klum oder die Fernsehsprecherin Dagmar Berghoff. Die Doppeltaufe der beiden Flussschiffe A'ROSA BELLA und A'ROSA DONNA am Warnowufer erfolgte durch Lady Anna Sterling aus Großbritannien und die Rostockerin Anja Mager, Bürokauffrau in der Reederei.

Die Schiffstaufe, nach Marineurkunden aus Athen seit mehr als 2 500 Jahren bekannt, ist neben der Kiellegung einer der feierlichsten Momente im Leben eines Schiffes, das ja zu allen Zeiten mehr darstellte als nur ein Gefährt. Es war und ist, wie einst der Romancier und Kapitän Joseph Conrad schrieb, »ein lebendiges Wesen« mit einer unverwechselbaren Persönlichkeit, einem eigenen Charakter, mit Individualität und Gesinnung.

Das zeichnet auch die vier Schiffe von AIDA CRUISES aus: AIDAcara, AIDAvita, AIDAaura und AIDAblu, die in den kommenden Jahren insgesamt vier weitere Schwestern erhalten werden. Damit bringt die Reederei eine neue Generation von Clubschiffen auf den Markt, denn in jedem Neubau (Platz für 2 050 Passagiere) von der Meyerwerft in Papenburg stecken 315 Millionen Euro und jede Menge innovativer Konzepte. Mehr als zwei Drittel aller Außenkabinen verfügen über Balkons, und an Bord werden ein Theatrium und der weltweit größte Wellnessbereich auf einem Schiff für Aufsehen sorgen. Das erwähnte Theatrium, eine Mischung aus Theater, Bars und Marktplatz auf drei Decks, soll ein vollkommen neues Raumerlebnis bieten. Sechs Restaurants und zehn Bars laden ein, zudem gibt es im Innen- und Außenbereich Spielplätze für Kinder. Das erste dieser vier Schiffe, die AIDAdiva, wird Ende April 2007 in Hamburg getauft und läuft von dort zu seiner Jungfernfahrt in das westliche Mittelmeer aus. In den Folgejahren bis 2010 soll dann jeweils ein weiteres Schiff dieser Größenordnung (68 500 BRZ, 252 m Länge und 32,2 m Breite) in Dienst gestellt werden. Damit wird sich die Bettenkapazität aller AIDA-Schiffe von gegenwärtig 5 400 auf 12 000 mehr als verdoppeln. (BRZ ist die Abkürzung für Bruttoraumzahl, das in der Schiffsvermessung die bisherige Bruttoregistertonne – BRT– ersetzende Maß für die Gesamtgröße eines Schiffes.)

Bar der AIDAcara

Der Hauptsitz von Aida Cruises befindet sich in einem der alten Silos im Rostocker Stadthafen mit weitem Blick über die Warnow bis auf die Ostsee. Hier schlägt das Herz der Reederei mit derzeit insgesamt 2 400 Mitarbeitern aus 25 Ländern, die auf See und an Land tätig sind. Bis 2009 soll sich die Zahl der Beschäftigten weiter auf etwa 4 000 erhöhen.

Ein sinnfälliger Name

Der Name AIDA entstammt einer Pharaonenerzählung von der wunderschönen Sklavin Aida (einer Prinzessin aus Äthiopien), ihrer Liebe zum ägyptischen Feldherren Radames und ihrem Schicksal. Die Geschichte geht auf den französischen Ägyptologen Edouard Marietta zurück und ist durch den Italiener Giuseppe Verdi anlässlich der Eröffnung des Suezkanals 1869 vertont worden. Die Uraufführung der Oper erfolgte 1871 in Kairo und war eine Sensation.

Mit dem Bau des Kanals hatte sich ein alter Menschheitstraum erfüllt: die schnelle Verbindung zwischen Okzident und Orient und damit praktisch eine Brücke zwischen den großen Weltkulturen. Diesen Brückenschlag zwischen Menschen und Ländern zu gewähren, passt zur Philosophie eines Kreuzfahrtunternehmens, und deshalb fand der Name Aida die Zustimmung der Rostocker Reederei. Zuvor war öffentlich um Namensvorschläge gebeten worden, allerdings mit der Maßgabe, der Name müsse mit dem Buchstaben A beginnen und mit einem A enden, wie bei den bereits vorhandenen beiden Schiffen ARKONA und ASTRA. Es wurde aus etlichen Angeboten wie Allegria, Alhambra oder Aurora schließlich Aida ausgewählt. Das war 1996, als das erste Clubschiff in Dienst gestellt wurde.

Außergewöhnlich und unverwechselbar ist die Bemalung der Schiffe nach Entwürfen des Rostocker Malers und Grafikers Feliks Büttner – mit dem roten Kussmund am Bug und den himmelblauen Augen, in der Art der ägyptischen Königin Nofretete, auf der Backbord- und Steuerbordseite. Mit diesen Augen hat es ebenfalls seine besondere Bewandtnis, denn ein Auge mit dem guten Blick soll den bösen Blick fernhalten und das Unglück abwenden. Das ist in nahezu allen Kulturen bekannt und findet bis in die Gegenwart im afrikanischen und asiatischen Lebensraum, besonders im Schiffbau, seine Berücksichtigung. Das Auge am Bug mit magischen Kräften wird als Talisman, als Glücksbringer, oder Amulett angesehen.

Vom Darß verzaubert

Sie tragen am Bug große Namen wie KATHARINA VON BORA, FREDERIC CHOPIN, MONA LISA oder VICTOR HUGO und sind seit Langem gern gesehen, im Stadthafen von Stralsund. Diese Flusskreuzfahrtschiffe und etliche andere haben viele Tausende Besucher in die 1234 gegründete Stadt am Strelasund gebracht – seit einiger Zeit in die Liste des Weltkulturerbes aufgenommen – und mit einem guten Stück mittelalterlicher und hanseatischer Geschichte bekannt gemacht. Stralsund ist seit mehreren Jahren ein anerkannter Hafen für Kreuzfahrtschiffe.

Was kurz nach der Wiedervereinigung Deutschlands, damals allerdings noch sporadisch, seinen Anfang nahm, ist seit der Jahrtausendwende zu einer festen maritimen Größe avanciert. Voraussetzung dafür war allerdings eine grundsätzliche Änderung im Hafen selbst. Während sich nämlich zu Anfang im Nordhafen der Güterumschlag und die Kreuzschifffahrt noch gegenseitig behinderten, wurde mit dem Bau des Südhafens ein größerer Handelsplatz errichtet, und die 400 Meter langen Kais des Nordhafens stehen nunmehr für die Kreuzfahrer zur Verfügung. Heutzutage kommt es schon gelegentlich vor, dass vier Schiffe gleichzeitig hier festmachen und spektakuläre Fotomotive ergeben.

Die Stralsund anlaufenden Flotten gehören mit zu dem Besten, was die europäische Binnenkreuzschifffahrt zu bieten hat. Modern, luxuriös, sicher, bester Service, egal, ob die Schiffe in Belgien, den Niederlanden oder Deutschland gebaut worden sind und ganz gleich, wo der Sitz der Reederei ist – in Basel, Straßburg, Hannover, Rotterdam oder Neustadt/Holstein.

Fast alle Kreuzfahrten in Richtung Strelasund beginnen in Berlin oder Potsdam: Über kleinere Flüsse und Kanäle geht es in die Oder mit der unaufdringlichen und herben Schönheit dieser Flusslandschaft, weiter in das Stettiner Haff und dann bis Stralsund. Auf der Reise dorthin gibt es Anläufe in Stettin, in Karnin und Peenemünde auf Usedom sowie in Lauterbach auf Rügen. Stralsund mit seiner Geschichte und den Sehenswürdigkeiten ist meist ein etwas längerer Aufenthalt beschieden, und von hier aus sind Schiffsausflüge möglich in die drei Kaiserbäder Ahlbeck, Bansin und Heringsdorf auf Usedom oder auf die Insel Rügen mit Ralswiek, den Kreidefelsen und Kap Arkona. Besonders beliebt sind die Fahrten zur Insel Hiddensee, auf denen sich ein Besuch im dortigen Gerhart-Hauptmann-Museum anbietet.

Doch es gibt noch weit mehr zu entdecken, und die Passagiere – je nach Schiffsgröße sind es zwischen 100 und 200 – lassen sich besonders von einer Kreuzfahrt verzaubern, die bis zum Darß hinführt. Nicht ganz einfach für den Kapitän der 70 bis 90 Meter langen – wenngleich mit Bugstrahlruder ausgerüsteten – Binnenschiffe, zwischen Barhöft und der Insel Bock durch das enge Fahrwasser in den Bodden zu manövrieren. Dafür entschädigt dieses Stück nahezu unberührter Natur für alle Beschwernisse, von denen der Bordgast selbstverständlich nichts spürt. Schilfgürtel und Reusen, gelegentlich ein Zeesboot, grünes, weites, flaches Land, auf dem die Kühe grasen. Da und dort ein Kirchturm wie der von Barth, der eine unübersehbare Landmarke darstellt. Mecklenburg-Vorpommern präsentiert sich hier in seiner ursprünglichen Form.

In eine ganz andere Richtung führt die Reise von Stralsund aus über die Peene, dem mit seinen 156 Kilometern zweitlängsten Fluss in Mecklenburg-Vorpommern, der auch gern der »Amazonas des Nordens« genannt wird. Auf der Fahrt über Demmin zum Kummerower See lässt sich eine herrliche, unverbaute Landschaft erleben und genießen.

Mona Lisa im Hafen Stralsund, 9.9.2006

Swiss Coral im Hafen Stralsund, links Gorch Fock, 9. 9. 2006

Stralsund, heute ein von Flusskreuzfahrtschiffen viel besuchter Hafen, ist zugleich ein Platz, an dem der Wechsel der Passagiere auf den Schiffen erfolgt. Das bedeutet, eine Reisegruppe aus Berlin, die den Strelasund auf dem Wasserweg erreicht hat, reist von hier mit dem Bus in die deutsche Hauptstadt zurück. In umgekehrter Richtung steigen die Busreisenden während des Aufenthalts auf das Schiff. In Stralsund erfolgen zugleich die Aufnahme von Frischwasser und die Entsorgung der Abfälle. Außerdem wird in der Stadt auch der übrige Proviant ergänzt und aufgefrischt.

Nach einem furiosen Start – in den Jahren 2001/2002 mit 110 bzw. 139 Anläufen und jeweils rund 16 000 Passagieren – gibt es seit 2004 einen leichten Rückgang, der nach Ansicht von Fachleuten mit der Osterweiterung der Europäischen Union zu tun haben kann und mit der Attraktivität der neuen, nun leichter erreichbaren Reiseziele in Polen und im Baltikum. Zu nennen sind hier unter anderen Gdynja, Klaipeda und Tallinn.

Für das Jahr 2006 allerdings war wieder ein ganz leichter Anstieg gegenüber 2005 zu verzeichnen. Große Hoffnungen setzt Stralsund mit Blick auf seine touristische Anziehungskraft in die Fertigstellung des OZEANEUMS direkt im Hafengelände, das neben dem bereits in der Hansestadt beheimateten Deutschen Meeresmuseum die zweite große maritime Sehenswürdigkeit an der deutschen Ostseeküste werden könnte. Darüber hinaus gibt es optimistische Erwartungen in Richtung darauf, dass eines Tages neben den Flusskreuzern auch die »richtigen« Cruiser im Hafen festmachen werden.

Durch Sassnitz wanderten schon Brahms und Fontane

Vor 100 Jahren entstand durch die Zusammenlegung des Fischerdorfes Sassnitz und des Bauerndorfes Crampas die nördlichste Stadt von Mecklenburg-Vorpommern: Sassnitz, das sich bis 1920 zu einem der bekanntesten Badeorte der Insel Rügens entwickelte. Bereits vor der Wende vom 19. zum 20. Jahrhundert suchten in dieser Region nahe der Kreideküste mit dem Königsstuhl und in den Buchenwäldern unweit der Stubnitz der Komponist Johannes Brahms (1833–1897), der Dichter Theodor Fontane (1819–1898) und viele andere Künstler, Gelehrte und Philosophen Ruhe und Entspannung.

Brahms wurde hier 1876 zu seiner 1. Sinfonie inspiriert und sagte später: »An den Wissower Klinken ist eine schöne Sinfonie hängen geblieben.« Berühmt wurde der Ort schließlich, als 1917 Lenin in einem plombierten Eisenbahnwaggon von der Schweiz über Sassnitz nach Schweden und weiter nach St. Petersburg reiste und dort die Oktoberrevolution auslöste.

Heute ist die Stadt vor allem bekannt als Fährhafen in Sassnitz-Mukran, für die Verbindung nach Trelleborg und als Seehafen für Schiffe in den gesamten Ostseeraum. Doch der Fährhafen (hier war 1897 der Eisenbahnfährverkehr nach Schweden eröffnet worden) dient seit gut einem Dezennium auch als Anlaufpunkt für Kreuzfahrtschiffe und reiht sich damit in die Gruppe der wichtigen Ostseekreuzfahrthäfen ein. Das liegt vor allem an der Attraktivität der größten deutschen und landschaftlich reizvollen Insel Rügen, die durch die »Wissower Klinken« von Caspar David Friedrich in der Welt bekannt geworden ist, und auf der sich ebenso der deutsche Baumeister Karl Friedrich Schinkel durch den Leuchtturm in Arkona verewigt hat. Seine Worte aus jener Zeit empfinden heute noch viele Inselgäste, die sich einen Hauch Romantik erhalten haben. Schinkel sagte: »Das Meer ist doch eine große Verschönerung aller Landschaften, und in so origineller Form, wie es sich vor Rügen zeigt, wüsste ich es nirgend anderswo gesehen zu haben.«

Der Fährhafen Sassnitz liegt an der Ostseite der Insel und ist mit einer Wassertiefe von 10,50 Meter für alle in der Ostsee fahrenden Schiffsklassen problemlos zugängig. Hier gibt es keine Revierfahrten und keine Lotsenpflicht, und Sassnitz ist zugleich Ausgangspunkt für regelmäßige Seeverbindungen nach Schweden, Litauen, Russland und Dänemark. Durch den großzügigen Ausbau in den neunziger Jahren und die Inbetriebnahme neuer Terminals ist Sassnitz der größte Eisenbahnfährhafen Deutschlands geworden. Diese optimalen Voraussetzungen nutzen nun verstärkt Kreuzfahrtschiffe und machen an dem 250 Meter langen Liegeplatz fest.

Von dort ist es für einen Tagesausflug nicht weit bis zu den Perlen unter den Seebädern – Binz, Sellin und Göhren –, die mit ihrer beeindruckenden Bäderarchitektur, mit den langen Seebrücken und reizvollen Badestränden selbst weit gereiste Kreuzfahrer ebenso überraschen wie mit dem Jagdschloss Granitz und der Kapelle des Fischerdörfchens Vitt. Ein besonderes Erlebnis aber ist es, Rügen aus der Vogelperspektive zu entdecken. Dazu werden vom Flugplatz Güttin verschiedene Rundflüge angeboten.

Kreuzfahrtschiffe legen seit mehr als zehn Jahren im Hafen Sassnitz-Mukran an. Der erste Höhepunkt 2000 brachte mit zwölf Schiffsankünften gegenüber 1999 bereits eine Verdoppelung. Allen voran sorgte die EUROPA für Aufsehen. Denn der Luxusliner mit fast 200 Metern Länge und einer Bruttoraumzahl von 28 000 für 408 Passagiere bot damals das weltweit größte Raumangebot pro Passagier auf einem Kreuzfahrtschiff.

2006 liefen insgesamt 20 Kreuzfahrt- und Clubschiffe mit rund 20 000 Passagieren den Hafen Sassnitz-Mukran an, und die Saison währte von Anfang Mai bis Ende September. Mit attraktiven Programmen auf dem Lande und auf See warb die Tourismuswirtschaft der Insel Rügen recht erfolgreich.

Mecklenburg-Vorpommern, das wasserreichste Bundesland mit seinen kleinen und dennoch oft schiffbaren Flüssen, mit der größten und einzigartigen Seenlandschaft in Deutschland und der mehrere hundert Kilometer langen Küste von Ahlbeck bis Boltenhagen, wird zukünftig eine immer bedeutendere Rolle in der kleinen und großen Kreuzschifffahrt in Nordeuropa spielen.

AIDAcara aus der Luft in der Ostsee, 7.7.2006

AIDA
www.aida.de

THOMSON CELEBRATION, 9. 8. 2006

Abschied mit Feuerwerk: Die AMSTERDAM verlässt Warnemünde, 9.8.2006

Titel:	QUEEN ELISABETH 2 beim Anlaufen des Seehafens, 17.8.2004
Rücktitel:	Die ROTTERDAM sticht von Warnemünde aus in See, 30.6.2006
S. 1:	Abendstimmung: BLACK WATCH und INSIGNIA, 14.7.2006
S. 2:	Schwimmendes Hochhaus: ROTTERDAM, 14.7.2006

Der Abdruck des Coverfotos sowie der Bilder auf den Seiten 1, 7, 9, 33 und 38 erfolgt mit freundlicher Genehmigung der Hafenentwicklungsgesellschaft Rostock. Das Foto auf Seite 54 stellte Aida Cruises zur Verfügung.

Bibliografische Information Der Deutschen Bibliothek:
Die deutsche Bibliothek verzeichnet diese Publikation in der Deutschen Nationalbibliographie; detaillierte bibliographische Daten sind im Internet über http://dnb.ddb.de abrufbar.

Lagerstraße 7
18055 Rostock
Tel. 03 81 / 49 69 - 0
Internet: http://www.hinstorff.de

1. Auflage 2007

Herstellung: Hinstorff Verlag GmbH
Lektorat: Dr. Florian Ostrop
Titelgestaltung und Layout: Beatrix Dedek
Repro: lithotronic media gmbh
Druck und Bindung: Westermann Druck GmbH Zwickau
Printed in Germany
ISBN 978-3-356-01182-1